"漫画汉语 101 句"
系列丛书策划

周明伟　黄友义　徐明强
王君校　韩　晖

Chinese 101 in Cartoons

in Cartoons

(For Emergencies)

漫画汉语101句
（应急篇）

张　婧　齐文娟　史文华　编　著
薛彧威　译
蒲　陶　插图

华语教学出版社
SINOLINGUA

First Edition 2013

ISBN 978-7-5138-3041-0

Copyright 2013 by Sinolingua Co., Ltd

Published by Sinolingua Co., Ltd

24 Baiwanzhuang Road, Beijing 100037, China

Tel: (86) 10-68320585   68997826

Fax: (86) 10-68997826   68326333

http://www.sinolingua.com.cn

E-mail: hyjx@sinolingua.com.cn

Facebook: www.facebook.com/sinolingua

Printed by Beijing Tianyuxing Printing House

Printed in the People's Republic of China

Preface

In recent years an increasing number of foreign friends are beginning to pay attention to China. They are eager to know more about the country and communicate further with the Chinese people. The number of foreigners learning Chinese throughout the world is increasing on a yearly basis and "Chinese fever" is gaining momentum. Yet due to limitations of time and learning conditions, a large number of foreigners who want to learn Chinese still have no access to regular and professional training. There are also many people who simply give up because of the degree of difficulty involved. To resolve these problems and help assist those who basically have no knowledge of Chinese to master some words and expressions for everyday use, we have carefully designed this series, titled *Chinese 101 in Cartoons*.

Each book in this series is designed to cater to the various needs of different people. The 101 expressions selected are all used frequently in daily conversation. The series mainly has two features: the lively and colorful cartoons which help readers better understand the conversational scenes; the recording of standardized Mandarin Chinese, which is necessary to help develop the correct pronunciation. There is no obscure grammar here, and readers need not memorize the strokes of the Chinese characters. All they need to do is to imagine the scene with the aid of the cartoon, try to memorize the Chinese sentence with the help of the English translation, and pronounce it with the help of the pinyin and the recording.

In addition, there are many word options that can serve as substitutes for those in the 101 commonly used sentence patterns presented in each book. The learners thus can draw inferences about other sentences from any given example. There are lively and humorous tips with cartoons that introduce Chinese customs and culture, and also explain differences between the East and the West.

Catchy and lively Chinese conversation starts from *Chinese 101 in Cartoons*. With one book on hand, you can proudly say: "I can speak Chinese!"

前 言

近年来，越来越多的外国友人开始关注中国，希望了解中国，渴望与中国人交流。在世界各地，学习汉语的外国人正逐年增加，"汉语热"持续升温。由于时间、条件等的限制，许多有学习汉语愿望的外国人目前无法在学校接受正规、系统的课堂教学；也有一些外国人认为汉语这门古老的语言难学、难记，难以掌握，对此望而却步。为了解决这些问题，帮助更多汉语为零起点的外国人学习一些简单的日常用语，我们精心策划了这套"漫画汉语101句"系列丛书。

丛书每册根据不同人群的不同需求分别编写，均选取日常会话中使用频率较高的101句话教给读者。以轻松活泼的彩色漫画形式帮助读者理解会话场景、以标准的普通话录音帮助读者模仿发音是本书最大的特色。在这里，没有生涩难懂的语法，不需要熟记汉字笔画，只需借助画面进入情境、根据与中文句子对应的英文理解意思、对照汉语拼音读出发音就可以了。

另外，每册书提供的101句常用句式同时给出了多种可替换词语，学习者可以举一反三，一句衍生多句。书中更有生动幽默、配漫画的小贴士介绍中国的风俗习惯、文化常识，以及中外差异趣闻等，帮助读者了解中国。

简单易学、生动有趣的汉语，从"漫画汉语101句"开始。一书在手，你就可以骄傲地说：我会说汉语了！

Key to Pronunciation

Beginning Consonants

b	*b* as in *be*
c	*ts* as in *tsar*, strongly aspirated
d	*d* as in *do*
f	*f* as in *food*
g	*g* as in *go*
h	*h* as in *her*
j	*j* as in *jeep*
k	*k* as in *kind*
l	*l* as in *land*
m	*m* as in *man*
n	*n* as in *nine*
p	*p* as in *par*
q	*ch* as in *cheek*
r	like *z* in *azure*
s	*s* as in *sister*
t	*t* as in *ten*
w	*w* as in *way*
x	*sh* as in *she*

y	*y* as in *yet*
z	*ds* as in *needs*
zh	*j* as in *jump*
ch	*ch* as in *church*
sh	*sh* as in *shore*

Vowels and Diphthongs

a	*a* as in *father*
ai	*i* as in *kite*
ao	*ow* as in *now*
an	*ahn*
ang	like *ong* in *song*
e	*er* as in *her* (Brit.)
ei	*ay* as in *way*
en	weak form of *an* as in *and*
eng	no English equivalent but nearly as *ung* in *lung*
i	*ea* as in *eat*
ia	*yah*
ie	*ye* as in *yes*
iao	*yow* as in *yowl*
iou	*yee-oh*

ian	*ien* as in *lenient*
in	*een* as in *keen*
iang	*i-ahng*
ing	*ing* as in *sing*
iong	*y-oong*
o	*aw* as in *law*
ou	*ow* as in *low*
ong	*oo-ng*
u	*oo* as in *too*
ua	*wah*
uo	*wa* as in *water*
uai	*wi* as in *wife*
uei	as *way*
uan	*oo-ahn*
uen	*won* as in *wonder*
uang	*oo-ahng*
ueng	*won* as in *wont*
ü*	as "*yü*" in German
üe	no English equivalent
üan	no English equivalent
ün	no English equivalent

---

* "ü" is spelt so only when it follows "l" and "n", otherwise it is spelt as "u".

目录
Contents

Yíshī （ Yī ）
遗失（一）

Losses (I)

(1) 行李丢失 Losing Luggage

Àiruìkè ： Nǐ hǎo .
① 艾瑞克：你好。

Eric: Hello!

Jīchǎng yuángōng ： Nín hǎo .
机场　员工 ： 您好。

Airport Staff: Hello!

Àiruìkè　: Wǒ de xíngli bú jiàn le .

② 艾瑞克：我的 <u>行李</u> 不见了。

Eric: My <u>luggage</u> is missing.

xiāngzi
箱子 suitcase

Jīchǎng yuángōng　: Bié zháojí , wǒmen bāng nín zhǎozhao .

机场　员工：别 着急，我们 帮 您 找找 。

Airport Staff: Don't worry. We will help you find it.

Wǒ de xíngli
bú jiàn le.

Bié zháojí ,
wǒmen bāng
nín zhǎozhao.

问询
Information

?

Jīchǎng yuángōng : Nín chéngzuò de shì nǎ yí gè hángbān?
机场 员工 ：您 乘坐 的是 哪一个 航班？

Airport Staff: Which flight did you take?

Àiruìkè ： BJ yī èr sān sì , Niǔyuē dào Běijīng de .
③ 艾瑞克：BJ1 2 3 4, 纽约 到 北京的。

Eric: BJ1234, which was from New York to Beijing.

Shànghǎi
上海 Shanghai
Guǎngzhōu
广州 Guangzhou
Xī'ān
西安 Xi'an
Xiānggǎng
香港 Hong Kong

Nín chéngzuò
de shì nǎ yí gè
hángbān?

BJ1234, Niǔyuē
dào Běijīng de.

Jīchǎng rényuán : Shì shénye yánsè de ?
机场 人员 ：是 什么 颜色的？

Airport Staff: What color is your luggage?

Àiruìkè : Hēi de .
④ 艾瑞克：黑的。

Eric: It's black.

Bái de
白的 white
Hóng de
红 的 red
Lǜ de
绿的 green
Huáng de
黄 的 yellow
Lán de
蓝 的 blue
Kāfēisè de
咖啡色的 coffee-colored

Jīchǎng yuángōng ： Shì zhège ma ?

机场　员工 ：是这个吗？

Airport Staff: Is this it?

Àiruìkè ： Shì de .

⑤ 艾瑞克：是的。

Eric: Yes.

Àiruìkè : Xièxie .
⑥ 艾瑞克：谢谢。

Eric: Thank you.

Jīchǎng yuángōng : Bú kèqi .
机场 员工 ：不客气。

Airport Staff: You're welcome.

Wùpǐn Yíwàng zài Chūzūchē Shang
(2) 物品遗忘在出租车 上
Losing Belongings in a Taxi

Gōngzuò rényuán : Nínhǎo， yǒu shénme kěyǐ bāng nín？
工作人员 ：您好，有什么可以帮 您？

Staff: Hello, what can I do for you?

Àiruìkè   : Wǒ de dōngxi wàng zài chūzūchē

⑦ 艾瑞克：我的东西 忘在出租车

shang le .
上 了。

bāo	
包 bag	
shǒujī	
手机 cell phone	
qiánbāo	
钱 包 wallet	
bǐjìběn	
笔记本 laptop	

Eric: I left my belongings in a taxi.

TAXI

Nín hǎo, yǒu shénme
kéyǐ bāng nín?

Wǒ de dōngxi wàng
zài chūzūchē shang
le.

Gōngzuò rényuán : Nín jìde chēhào ma?
工作人员 ：您记得车号 吗?

Staff: Do you remember the taxi's license plate
number?

Àiruìkè ： Wǒ wàng le .
⑧ 艾瑞克：我 忘 了。

Wǒ kànkan fāpiào
我看看发票 Let me check the receipt.

Eric: I forget what it was.

Nín jìdé chēhào ma?

Wǒ wàng le.

Gōngzuò rényuán ： Nín shénme shíjiān zuò de chē?

工作人员　：您 什么 时间 坐 的 车?

Staff: When did you take the taxi?

Àiruìkè ： Jīntiān shàngwǔ shí diǎn zuǒyòu.

⑨ 艾瑞克：今天 上午 10 点 左右。

Eric: About <u>10 o'clock this morning</u>.

xiàwǔ liǎng diǎn
下午 2 点 2 o'clock this afternoon
wǎnshang jiǔ diǎn
晚上 9 点 9 o'clock this evening

Gōngzuò rényuán : Qǐng gàosu wǒ nín de diànhuà .
工作人员 ： 请 告诉 我 您 的 电话 。
Staff: Please tell me your phone number.

Àiruìkè : Yāo sān bā líng yāo líng wǔ × × × × .
⑩艾瑞克： 1 3 8 0 1 0 5 × × × × 。
Eric: 1380105 × × × × .

Lost Your
Belongings in a Taxi?

You should check your belongings carefully when getting out of a taxi. Make a note of the license plate number before getting in a taxi and remember to ask for a receipt when getting out so you will be able to make inquiries if a problem occurs or you leave something behind in the taxi.

TAXI

A 4796

Yíshī （ Èr ）
遗失（二）
Losses (II)

Fángkǎ Diūshī
(1) 房卡丢失 Losing a Room Card

Àiruìkè : Bù hǎo yìsi , wǒ de fángkǎ zhǎo bú dào le .
⑪ 艾瑞克：不好意思，我的 房卡 找不到了。

yàoshi
钥匙 key

Eric: Excuse me, I can't find
my room card.

Fúwùyuán : Gěi nǐ bǔbàn yí gè ba .
服务员：给你补办一个吧。

Attendant: I will get another one for you.

Fúwùyuán : Qǐng gěi wǒ nín de hùzhào .
服务员 ： 请 给我您的护照。

Attendant: Please give me your passport.

Àiruìkè : Qǐng shāo děng .
⑫艾瑞克： 请 稍 等 。

Eric: One moment, please.

Hùzhào Diūshī
(2) 护照丢失 Losing One's Passport

Àiruìkè : Wǒ de hùzhào diū le !
⑬ 艾瑞克 : 我的 护照 丢了！

Eric: My passport is missing!

Jǐngchá : wǒmen gěi nín kāi yí gè yíshī zhèngmíng .
警察 : 我们 给您 开一个 遗失 证明 。

Policeman: We will issue a proof of loss document
for you.

Àiruìkè : Ránhòu wǒ gāi zěnme bàn?
⑭艾瑞克：然后 我该 怎么办？

Eric: What should I do next?

Jǐngchá : Nín dàishàng zhège dào dàshǐguǎn bànlǐ .
警察：您 带 上 这个 到 大使馆办理。

Policeman: You should go to the embassy with this
document.

(3) 信用卡丢失 Losing a Credit Card

Xìnyòngkǎ Diūshī

⑮ Àiruìkè ： Wǒ xiǎng guàshī xìnyòngkǎ .
艾瑞克：我 想 挂失 信用卡。

> bǔbàn
> 补办 get a reissue of

Eric: I'd like to report the loss of my credit card.

Yínháng zhíyuán ： Xiān tián yíxià zhège biǎo .
银行 职员：先 填一下 这个 表。

Bank Clerk: Please fill out this form first.

Wǒ xiǎng guàshī xìnyòngkǎ.

Xiān tián yíxià zhège biǎo.

Àiruìkè : Wǒ shénme shíhou néng nádào xīn kǎ?
⑯ 艾瑞克：我 什么 时候 能 拿到 新卡?

Eric: When can I get my new card?

Yínháng zhíyuán : Qī tiān yǐhòu.
银行 职员 ：七天以后。

Bank Clerk: After seven days.

护照 ?
丢失

信用卡 ?
丢失

复印

公安局
110 报案

银 行
挂失

Lost Your Documents or Bank Cards?

You should have several photo-copies of important documents like your passport. If a loss occurs, please report it immediately to the public security bureau and then go through the relevant procedures to procure a new passport. If you lose a credit card, please declare the loss immediately. You can make a call to report the loss and cancel your card before going to the bank.

Xún Rén Xún Wù

寻 人 寻 物

Missing Persons and Articles

Háizi Zǒushī
（1）孩子走失 Missing Child

Àiruìkè　：Jiànguo yí gè zhème gāo de wàiguó nánháir ma?
⑰ 艾瑞克：见过一个这么 高的 外国男孩儿吗?

Eric: Did you see a foreign <u>boy</u>
around this height?

nǚháir
女孩儿 girl
háizi
孩子 child, kid

Lùrén　：Méiyǒu.　Nǐ qù nàbian wènwen.
路人：没有。你去那边 问问。

Passer-by: No. You can go over there and ask if
anyone has seen him.

Jiànguo yí gè zhème gāo
de wàiguó nánháir ma?

Méiyǒu. Nǐ qù
nàbian wènwen.

Àiruìkè : Wǒ de háizi zǒu diū le .

⑱ 艾瑞克：我的孩子走丢了。

Eric: My child is missing.

Fúwù rényuán : Nǐ qù guǎngbōzhàn guǎngbō yíxià ba .

服务人员：你去 广播站　广播 一下吧。

Attendant: You can go to the broadcasting station
for help.

⑲ Àiruìkè　　: Nǐ hǎo,　 wǒ xūyào bāngzhù.
艾瑞克：你好，我需要帮助。

Eric: Hello, I need help.

Fúwù rényuán : Nín bié zháojí,　 mànmān shuō.
服务人员：您别着急，慢慢说。

Attendant: Please remain calm and tell me in detail
what is wrong.

Fúwù rényuán : Háizi jiào shénme míngzi？ Duō dà？ Duō gāo？
服务人员：孩子叫 什么名字？多大？多高？

Attendant: What's the child's name? How old is he?

How tall is he?

Àiruìkè : Tā jiào Bǎoluó, wǔ suì, dàgài yì mǐ èr.
⑳ 艾瑞克：他叫 保罗，5 岁，大概一米二。

Eric: His name is Paul, he is five years old, and

about 1.2 meters in height.

（2）<ruby>寻物<rt>Xúnwù</rt></ruby> Looking for Lost Articles

㉑ 艾瑞克：我 想 写 一个 寻物启事。
Àiruìkè ：Wǒ xiǎng xiě yí gè xúnwù qǐshì.

Eric: I want to write a lost notice.

前台：可以。您可以贴到 公告栏 上。
Qiántái ： Kěyǐ. Nín kěyǐ tiēdào gōnggàolán shang.

Front Desk Assistant: Sure. You can put it on the bulletin board when you're done.

Àiruìkè : Wǒ bú huì xiě Hànzì , nǐ kěyǐ bāng wǒ ma ?
㉒ 艾瑞克：我不会写汉字，你可以帮 我吗？

Eric: I can't write Chinese. Could you help me?

Qiántái : Méi wèntí . Nín shuō wǒ xiě .
前台：没问题。您 说 我 写。

Front Desk Assistant: No problem. I will write it as
　　you tell me.

商 场

车 站

Lost Your Child?

In China's big cities, especially in shopping malls and train stations, there are often large crowds of people as well as heavy flows of traffic. When you are with your child, please hold his/her hand and make sure that he/she is always within your sight. If your child goes missing, you should immediately call the police so that they can send officers out looking for him/her, which will hopefully reduce the risk of any harm coming to your child. In places like department stores, you can make an announcement about your child over the monitor or broadcast system. Make sure that your child remembers your telephone number and address so that people can contact you if they find your missing child.

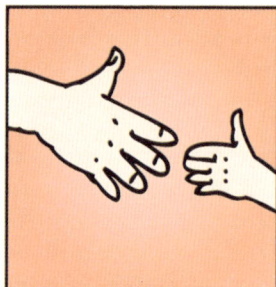

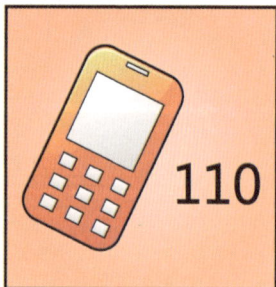

110

Jiāotōng Shìgù

交通 事故

Traffic Accidents

Qìchē Gùzhàng
(1) 汽车 故障 Car Breakdown

Yāo èr èr bàojǐngtái : Nǐ hǎo.
122 报警台：你好。

122 Traffic Alarm: Hello!

Àiruìkè : Wèi, wǒ de chē bèi zhuàng le.
㉓艾瑞克：喂，我的车被 <u>撞</u> 了。

Eric: Hi, my car <u>was in</u> <u>an accident</u>.

méi yóu
没 油 is out of oil
méi diàn
没 电 has a flat battery
bào tāi
爆胎 has a flat tire
fādòng bù liǎo
发动 不 了 won't start

Yāo èr èr bào jǐngtái : Qǐngwèn nín zài nǎr ?
122 报警台：请问 您在哪儿？

122 Traffic Alarm: Please tell me your location.

Àiruìkè : Wǒ zài Bādálǐng Gāosù × × chūkǒu fùjìn .
㉔ 艾瑞克：我在八达岭高速 × × 出口附近。

Eric: I'm at the XX Exit
on the Badaling
Expressway.

dōng èr huán
东二环 2nd East Ring Road
xī sān huán
西三环 3rd West Ring Road
nán sì huán
南四环 4th South Ring Road
běi wǔ huán
北五环 5th North Ring Road

Kāichē Cèngdào Xíngrén
(2) 开车 蹭 到 行人 Hitting a Pedestrian with a Car

Àiruìkè ： Duìbuqǐ ， nǐ méishì ba ?
㉕ 艾瑞克：对不起，你没事吧？

Eric: I'm sorry. Are you OK?

Xíngrén ： Wǒ méishì . Nǐ yǐhòu zhùyì diǎnr .
行人：我没事。你以后注意点儿。

Pedestrian: I'm fine, but you should be careful in the future.

Duìbuqǐ, nǐ méishì ba?

Wǒ méishì. Nǐ yǐhòu zhùyì diǎnr.

㉖ Àiruìkè ： Wǒ sòng nǐ dào yīyuàn ba .
艾瑞克：我 送 你 到医院 吧。

Eric: Let me take you to
the hospital.

huí jiā
回家 home

Xíngrén ： Búyòng le .
行人：不用了。

Pedestrian: No, that won't be necessary.

Wǒ sòng nǐ dào
yīyuàn ba.

Búyòng le.

Àiruìkè ： Zhè shì wǒ de míngpiàn ， yǒu wèntí jiù zhǎo wǒ.
㉗艾瑞克：这是我的 名片 ，有问题就找 我。

Eric: This is my business card. Just contact me if there are any problems.

> diànhuà hàomǎ
> 电话 号码 telephone number

Xíngrén ： Wǒ zhīdào le .
行人：我 知道了。

Pedestrian: I got it.

How to Obtain a Driver's License in China

If you have already obtained a driver's license in your country, you can go to the Vehicle Management Bureau in charge of your residential area in China to apply for a temporary Chinese driver's license. During the application process, you will need to provide your passport, and your original license and a translated version of it which has been notarized. You will also need to go to a designated hospital for a health check. Once you have passed the written traffic rules test, you can get a temporary license without having to take a road test.

If you do not have a driver's license, you will need to file your application for a license according to Chinese law, then go to a driving school and pass all the relevant driving tests.

UNIT 5

生病 （一）
Falling Ⅲ (I)

Bōdǎ Jíjiù Diànhuà
(1) 拨打急救电话 Calling First-aid

Àiruìkè : Wǒ fùqīn xīnzàngbìng fàn le .
㉘艾瑞克：我父亲 心脏病 犯了。

Eric: My father is having
a heart attack.

yūndǎo le
晕倒了 has fainted
shuāidǎo le
摔倒了 has fallen to the ground

Yāo èr líng jíjiù : Jiùhùchē mǎshàng jiù dào .
120 急救 : 救护车 马上 就到。

120 Emergency Center: The ambulance will
arrive soon.

Àiruìkè : Wǒ yīnggāi zěnme zuò?

㉙ 艾瑞克：我 应该 怎么 做？

Eric: What should I do?

Yāo èr líng   jíjiù : Búyào dòng tā. Dào xiǎoqū ménkǒu jiē wǒmen.

120   急救：不要 动 他。到 小区 门口 接我们。

120 Emergency Center: Don't move him and meet us at the entrance of your housing estate.

Wǒ yīnggāi zěnme zuò?

Búyào dòng tā. Dào xiǎoqū ménkǒu jiē wǒmen.

Mǎi Yào
(2) 买 药 Buying Medicine

Yàodiàn yíngyèyuán : Nín xūyào shénme yào?
药店 营业员：您需要什么 药？

Pharmacy Saleslady: What medicine do you need?

Àiruìkè : Wǒ xiǎng mǎi gǎnmào yào.
㉚艾瑞克：我 想 买 感冒 药。

Eric: I want to buy some
medicine for cold.

> xiāoyán
> 消炎 anti-inflammatory
> zhǐ téng
> 止疼 anodyne
> zhǐxiè
> 止泻 diarrhea
> tuìshāo
> 退烧 fever

Nín xūyào shénme yào?

药 房

Wǒ xiǎng mǎi gǎnmào yào.

③① 艾瑞克：这是 中药 还是西药？
Àiruìkè : Zhè shì zhōngyào háishi xīyào ?

Eric: Is this traditional Chinese medicine or Western medicine?

药店 营业员：这是 中药 。
Yàodiàn yíngyèyuán : Zhè shì zhōngyào .

Pharmacy Saleslady: It's traditional Chinese medicine.

Àiruìkè : Yí cì chī jǐ piàn?

㉜ 艾瑞克 ：一次吃几片？

Eric: How many tablets should I take at a time?

Yàodiàn yíngyèyuán : Yí piàn jiù xíng.

药店 营业员 ：一片就行。

Pharmacy Saleslady: One will be enough.

（3）挂号 Guàhào Registering at a Hospital

③③ 艾瑞克：医生，挂号。
Àiruìkè : Yīshēng, guàhào.

Eric: Doctor, I would like to register as a patient here.

医生：5 块。
Yīshēng : Wǔ kuài.

Doctor: Five yuan, please.

Yīshēng : Guà shénme kē ?
医生 ： 挂 什么科?

Doctor: Which department would you like to register for?

Àiruìkè : Nèikē .
③④ 艾瑞克： 内科。

Eric: Internal Medicine.

Wàikē
外科 Surgical Department
Kǒuqiāngkē
口腔科 Stomatology
Yǎnkē
眼科 Ophthalmology
Pífūkē
皮肤科 Dermatology
Wǔguānkē
五官科 Otolaryngology
Hūxīkē
呼吸科 Respiratory Department
Wèichángkē
胃肠科 Gastric and Intestinal Department
Gǔkē
骨科 Orthopedics

Guà shénme kē?

Nèikē.

How to Call an Ambulance?

The telephone number for ambulances in China is 120. Operators are assigned to answer the phone 24-hours per day, and will immediately dispatch ambulances and first-aid personnel to your location. You should state clearly the address where the patient is located, and not give vague information such as "We are beside ...." You should ensure that there is someone waiting for the ambulance at the residence entrance or nearby intersection to direct it to the patient's location.

Shēngbìng （Èr）
生病 （二）
Falling Ill (II)

Gănmào
(1) 感冒 Cold

Yīshēng ：　Năr　bù shūfu ？
医生：哪儿不舒服？

Doctor: What's wrong?

Àiruìkè　　：Wǒ sǎngzi téng .
③⑤ 艾瑞克：我嗓子疼。

Eric: I have a sore throat.

tóu téng
头疼 have a headache
fāshāo
发烧 have a fever
késou
咳嗽 have a cough
liú bíti
流鼻涕 have a runny nose
dǎ pēntì
打喷嚏 sneeze a lot

Năr bù shūfu?

Wǒ sǎngzi téng.

Àiruìkè : Zhè yào zěnme chī ?

㊱ 艾瑞克：这 药 怎么 吃?

Eric: How should I <u>take</u> this medicine?

yòng
用 use

Yīshēng : Yì tiān chī sān cì , yí cì liǎng lì .

医生：一天吃三次，一次 两 粒。

Doctor: Take it three times a day, two pills per dose.

Yīshēng : Huí jiā duō hē rèshuǐ, duō xiūxi, bié chī là de.

医生：回家多喝热水、多休息，别吃辣的。

Doctor: Drink more hot water and make sure you get some good rest when you go home. Don't eat spicy food.

Àiruìkè : Wǒ huì zhùyì de.

㊲ 艾瑞克：我会注意的。

Eric: I will <u>follow your instructions</u>.

> xiǎoxīn
> 小心 take care of myself

Fùxiè
(2) 腹泻 Diarrhea

Yīshēng : Nǐ zěnme le ?
医生 : 你怎么了？

Doctor: What's wrong with you?

Àiruìkè : Wǒ dǔzi téng .
③⑧ 艾瑞克 : 我肚子疼。

Eric: I <u>have a stomachache</u>.

lādùzi
拉肚子 have diarrhea

Nǐ zěnme le?

Wǒ dùzi téng.

Yīshēng : Nǐ chī shénme le ?

医生：你吃 什么 了？

Doctor: What did you have?

Àiruìkè　 : Wǒ hēle　jǐ píng bīngzhèn píjiǔ .

㊴艾瑞克：我喝了几瓶 冰镇 啤酒。

Eric: I drank several bottles of cold beer.

yǐnliào
饮料 soft drink
kuàngquánshuǐ
矿泉水　mineral water

Yīshēng : Qù zuò ge huàyàn ba .
医生：去 做 个 化验 吧。

Doctor: You need to go and get yourself tested.

Àiruìkè : Qǐngwèn huàyànshì zài nǎr ?
㊵ 艾瑞克：请问 化验室 在 哪儿?

Eric: Could you please tell me
where is the laboratory?

cèsuǒ
厕所 restroom

Yīshēng : Chū mén zuǒ guǎi ， zǒu dào tóu .
医生：出门 左 拐，走 到 头。

Doctor: Turn left after exiting this door, walk
straight until you reach the end of the
passage, and you'll see it.

Qù zuò ge
huàyàn ba.

Qǐng wèn
huàyànshì zài
nǎr?

Chū mén zuǒ
guǎi, zǒu dào
tóu.

Àiruìkè : Xūyào dǎ zhēn ma?
④ 艾瑞克：需要打针吗？

Eric: Do I need an injection?

diǎndī
点滴 drip

Yīshēng : Búyòng. Wǒ gěi nǐ kāi diǎnr yào ba.
医生：不用。我给你开点儿药吧。

Doctor: No, let me prescribe some medicine
        for you.

Qítā
(3) 其他 Other Illnesses

Àiruìkè　　: Wǒ de liǎn shang zhǎngle xiǎo gēda .
㊷ 艾瑞克 : 我 的 脸 上　长 了　小 疙瘩。

Eric: I have a rash on my face.

bózǐ
脖子 neck
hòubèi
后背 back
pífū
皮肤 skin

Yīshēng　: Wǒ kànkan .
医生 : 我 看看。

Doctor: Let me take a look.

Wǒ de liǎn shang zhǎngle xiǎo gēda.

Wǒ kànkan.

Yīshēng ： Téng ma ?
医生 ： 疼 吗？

Doctor: Do they hurt?

Àiruìkè ： Bù téng， yǒu diǎnr yǎng .
㊸ 艾瑞克 ：不疼，有点儿痒。

Eric: No, but they are a little bit itchy.

Àiruìkè : Wèi shénme huì zhèyàng?
④④ 艾瑞克：为什么 会 这样？

Eric: Why do I have this rash?

Yīshēng : Zhè shì guòmǐn， chī diǎnr yào jiù hǎo le .
医生：这是过敏，吃点儿药就好了。

Doctor: It's just an allergy; you will be fine after
taking some medicine.

Àiruìkè ：Wǒ de jiǎo wǎi le .

㊺ 艾瑞克：我的脚崴了。

Eric: I've <u>sprained my</u>
<u>ankle</u>.

tuǐ shuāi
腿 摔 broken my leg
shǒu gepò
手 割破 cut my finger
gēbo tàngshāng
胳膊 烫伤 burned my arm

Yīshēng ： Nǐ xiān zuòxià ， ràng wǒ
医生 ：你先坐下， 让我
kàn yíxià .
看一下。

Doctor: Please sit down and I will take a look.

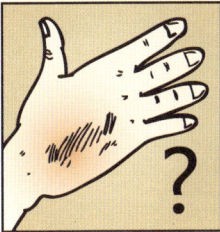

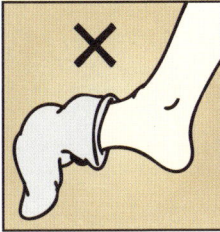

What to Do with a Burn?

If the burn area is large, you should remove all clothing surrounding the area as soon as possible. Remember to cut away the clothes with scissors rather than taking them off forcibly. To prevent infections, make sure to keep the wound clean and avoid applying external medicinal ointments or other creams to the burn. The best thing to do is to wrap the wound with a clean towel or bed sheet.

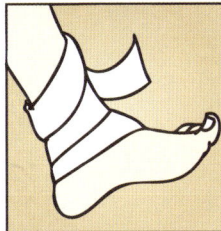

Shēngbìng （Sān）

生病 （三）

Falling Ill (III)

(1) 传染病 疫情 Infectious Diseases
Chuánrǎnbìng Yìqíng

(Eric has just returned from a disease-affected region and is now undergoing a routine check at the airport.)

防疫 中心 ：您是什么时候去那儿的？
Fángyì zhōngxīn : Nín shì shénme shíhou qù nàr de ?

Epidemic Prevention Center:

When did you go to the affected region?

㊻艾瑞克：12 月 10 号去的。
Àiruìkè : Shí'èr yuè shí hào qù de .

Eric: I went there on Dec. 10th.

Yī yuè	1 月 Jan.
Èr yuè	2 月 Feb.
Sān yuè	3 月 Mar.
Sì yuè	4 月 Apr.
Wǔ yuè	5 月 May
Liù yuè	6 月 June
Qī yuè	7 月 July
Bā yuè	8 月 Aug.
Jiǔ yuè	9 月 Sept.
Shí yuè	10 月 Oct.
Shíyī yuè	11 月 Nov.

防疫中心

Nín shì shénme shíhou qù nàr de?

Shí'èr yuè shí hào qù de.

Fángyì zhōngxīn : Qǐng liáng yíxià tǐwēn .
防疫 中心 ： 请 量一下体温。
Epidemic Prevention Center:

Let me take your temperature, please.

Àiruìkè   : Hǎo de .
㊼艾瑞克：好的。

Eric: OK.

Àiruìkè : Duōshao dù ?
48 艾瑞克： 多少 度？

Eric: What's my temperature?

Fángyì zhōngxīn : Sānshíliù diǎn qī dù ， zhèngcháng .
防疫 中心： 36.7 度， 正常 。

Epidemic Prevention Center:

36.7 degrees, which is normal.

Duōshao dù?

Sānshíliù diǎn qī dù ， zhèngcháng.

36.7

Àiruìkè ： Wǒ kěyǐ zǒu le ma?
⑭ 艾瑞克：我可以<u>走</u>了吗？

Eric: Can I <u>go</u> now?

Fángyì zhōngxīn ： Kěyǐ .
防疫 中心：可以。

Epidemic Prevention Center: Sure.

líkāi
离开 leave
huí jiā
回家 go home

防疫中心

Wǒ kěyǐ zǒu le ma?

Kěyǐ.

Bèi Dòngwù Yǎo le
(2) 被动物 咬了 Being Bitten by an Animal

Àiruìkè : Wǒ érzi bèi gǒu yǎo le .
㊿ 艾瑞克：我儿子被<u>狗</u>咬了。

Eric: My son was bitten by a <u>dog</u>.

māo
猫 cat

Yīshēng : Dào zhèbiān dǎ yìmiáo ba .
医生：到 这边打疫苗吧。

Doctor: Come over here and I'll give you a vaccination.

Wǒ érzi bèi gǒu yǎo le.

Dào zhèbiān dǎ yìmiáo ba.

Chǒngwù Bìng le
(3) 宠物 病了 A Pet Is Sick

Àiruìkè : Nǎr yǒu chǒngwù yīyuàn ?
(51) 艾瑞克：哪儿有 宠物 医院？

dòngwù
动物 animal

Eric: Where can I find a pet hospital?

Gōngyù bǎo'ān : Chūle xiǎoqūmén wǎng zuǒ zǒu .
公寓 保安：出了小区门 往 左 走。

Security Guard: Turn left after exiting the housing estate gate and you'll see a pet hospital right there.

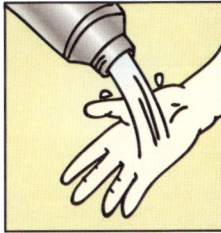

Bitten by a Pet?

If a child is bitten by a pet, the parents can wash his/her wound. The steps are: First, wipe away the blood from the wound and then rinse the wound with soapy water a couple of times. Afterwards, wash the area with clean water and apply an iodine tincture. Leave the wound uncovered instead of dressing it. Go to the nearest epidemic prevention center to buy a rabies vaccine and get a doctor to administer it.

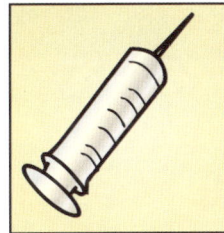

Gùzhàng （Yī）
故障（一）
Household Problems

(1) 物业报修 Reporting a Repair to the Property Management Department

Wùyè Bàoxiū

Àiruìkè ： Wǒ de kōngtiáo huài le .

⑤2 艾瑞克：我的 空调 坏了。

Eric: There is something wrong with my air-conditioner.

bīngxiāng
冰箱 refrigerator
xǐyījī
洗衣机 washing machine
diànnǎo
电脑 computer
diànshì
电视 TV
dēng
灯 lamp
shuǐlóngtóu
水龙头 tap

Wùyè guǎnlǐyuán ： Wǒmen mǎshàng pài rén qù kànkan .

物业管理员 ： 我们 马上 派人去看看。

Property Management Personnel:

We will send someone to check it soon.

Wùyè guǎnlǐ yuán : Shénme shíhòu fāxiàn de ?

物业管理员 ： 什么 时候 发现的？

Property Management Personnel:

When did this occur?

Àiruìkè : Zuótiān jiù bú tài hǎo .

�533 艾瑞克： 昨天就不太好。

Eric: There have been some problems with it since yesterday.

Qiántiān
前天 the day before yesterday
Dàqiántiān
大前天 three day's before

Shénme shíhou fāxiàn de?

Zuótiān jiù bú tài hǎo.

Àiruìkè ： Wǒ jiā de xiàshuǐdào dǔ le .
(54) 艾瑞克：我家的下水道堵了。

Eric: The <u>drain</u> in my house
　　　 is blocked.

shuǐguǎn
水管 water pipe
mǎtǒng
马桶 commode

Wùyè guǎnlǐyuán ： Wǒ yíhuì guòqù kànkan .
物业管理员：我一会过去看看。

Property Management Personnel:
　　　 I will come and take a look at it in a
　　　 short while.

Wǒ jiā de xiàshuǐdào dǔ le.

Wǒ yíhuìr guòqù kànkan.

Tíng Diàn
(2) 停电 Blackout

Àiruìkè : Wǒ zhèngzài xǐzǎo ne , tūrán méi diàn le .
⑤⑤艾瑞克：我 正在 洗澡呢，突然 没 电了。

Eric: I was **taking a bath** when the electricity was suddenly cut off.

shàngwǎng
上网 on the Internet
fā yóujiàn
发邮件 sending an e-mail
chá zīliào
查资料 looking up some information
gōngzuò
工作 working

Wùyè guǎnlǐyuán : Wǒmen mǎshàng gěi nín jiǎnxiū .
物业管理员：我们 马上 给您检修。

Property Management Personnel: We will find out what the problem is and repair it for you immediately.

Wǒ zhèngzài xǐzǎo ne, tūrán méi diàn le.

Wǒmen mǎshàng gěi nín jiǎnxiū.

Àiruìkè : Shì zěnme huí shì ?
⑤⑥ 艾瑞克：是 怎么 回事？

Eric: What's the matter?

Wùyè guǎnlǐyuán : Bǎoxiǎnsī duàn le .
物业 管理员 ：保险丝 断 了。

Property Management Personnel: The fuse blew.

Shì zěnme huí shì?

Bǎoxiǎnsī duàn le.

(3) 漏水 / 漏电 / 漏气 Water/Electricity/Gas Leakage
Lòu Shuǐ Lòu Diàn Lòu Qì

Àiruìkè　 : Wǒ jiā mǎndì shì shuǐ .
57 艾瑞克：我家满地是 水。

Eric: My floor is flooded with water.

> dàochù
> 到处 Water is everywhere in my house
> quán
> 全 My house is filled with water

Wùyè guǎnlǐyuán : Qǐng shāo děng,　wǒmen shàngqù jiǎnchá
物业管理员 ： 请 稍 等 ， 我们 上去 检查
jiǎnchá .
检查 。

Property Management Personnel:

Please wait a moment. We will go upstairs and see

what is causing the flooding.

Àiruìkè : Wǒ jiā yǒu méiqì wèi .

㊹ 艾瑞克：我家有<u>煤气味</u>。

tiānránqì
天然气 natural gas

Eric: I can smell <u>fuel gas</u> in my room.

Wùyè guǎnlǐyuán : Qǐng nín dǎkāi chuānghu , búyào kāi dēng ,
物业管理员 ： 请 您 打开 窗户 ， 不要 开灯 、
kāi huǒ . Wǒmen mǎshàng jiù dào .
开火。 我们 马上 就到。

Property Management Personnel:

Please open the window and do not turn on the lights, stove or light any flames. We will arrive in just a minute.

Wǒ jiā yǒu méiqì wèi.

Qǐng nín dǎkāi chuānghu, búyào kāi dēng, kāi huǒ. Wǒmen mǎshàng jiù dào.

Shuǐzhì Wèntí
(4) 水质问题 Water Quality

Àiruìkè : Wǒ jiā de shuǐ zěnme yǒu gǔ guàiwèir ?
㊟ 艾瑞克：我家的水 怎么 有 股 怪味儿？

Eric: Why is there a strange taste to the water in
my house?

Wùyè guǎnlǐyuán : Wǒmen zhèngzài hé zìláishuǐ gōngsī liánxì .
物业管理员：我们 正在和自来水公司联系。

Property Management Personnel:

We are now contacting the water company.

Wǒ jiā de shuǐ zěnme yǒu gǔ guài wèir?

Wǒ men zhèngzài hé zìláishuǐ gōngsī liánxì.

Àiruìkè : Rúguǒ wǒ yào yòng shuǐ ne ?

⑥⓪ 艾瑞克：如果我要 用水 呢?

Eric: What if I want to use water?

Wùyè guǎnlǐyuán : Wǒmen zhǔnbèile chúnjìngshuǐ， nín kěyǐ lái qǔ .

物业 管理员 ：我们 准备了 纯净 水，您可以来取。

Property Management Personnel:

We've prepared purified water for you; you

can come and collect it.

純净水 純净水 純净水 純净水 净水

How to Rent a Desirable Apartment?

First of all, you should always go through a reputable property agency which is both accredited and credible, so as to avoid being cheated by any illegal agencies or unscrupulous people looking to sublet the same property to several parties without their knowledge. Secondly, you should ask the owner to provide their original property ownership certificate along with his/her ID card. Thirdly, before signing a contract, you should draw up a detailed agreement concerning the room facilities, tenancy, rental as well as the terms of any liability clauses. Fourthly, if your contract or agreement is violated in any way, you should file a complaint to the Industry and Commerce Department or the Housing Management Bureau immediately.

Gùzhàng （Èr）
故障（二）
Breakdowns

Bèi Kùn Diàntī
（1）被困电梯 Being Trapped in an Elevator

Zhíbānyuán ： Xiānsheng， xūyào shénme bāngzhù？
值班员 ： 先生 ， 需要什么 帮助 ？

Staff on Duty: Do you need any help, sir?

Àiruìkè ： Wǒ bèi kùn zài diàntī li le .
⑥ 艾瑞克 ：我 被 困在电梯里了。

Eric: I'm trapped in the elevator.

Zhíbānyuán : Diàntī dàgài zài jǐ céng?
值班员 ：电梯大概在几层？
Staff on Duty: Which floor is the elevator at now?

62 Àiruìkè : Zài sān céng.
艾瑞克：在三层。
Eric: The 3rd floor.

shí
十 10th
shí'èr
十二 12th
èrshí
二十 20th
èrshíwǔ
二十五 25th

Diàntī dàgài zài jǐ céng?

Zài sān céng.

Xiū Zìxíngchē
（2）修自行车 Mending a Bicycle

Àiruìkè ： Shīfu， wǒ dǎ diǎnr qì．
⑥③ 艾瑞克：师傅，我打点儿气。

Eric: Excuse me, I would like to inflate my tire.

Shīfu ： Dǎ ba． Dǎqìtǒng zài zhèr．
师傅：打吧。打气筒在这儿。

Repairman: Sure. The air pump is right here.

Àiruìkè : Duōshao qián?
64 艾瑞克：多少 钱？

Eric: How much will it cost?

Shīfu : Sān máo.
师傅：3 毛。

Repairman: Three jiao.

Àiruìkè　：Wǒ de chētāi kěnéng pò le.
65 艾瑞克：我的车胎可能破了。

Eric: My tire may be punctured.

Shīfu　：Bǔbu ba.
师傅：补补吧。

Repairman: Let's patch it up.

⑥⑥ Àiruìkè : Wǒ de chēzhá hǎoxiàng yǒu máobìng .
艾瑞克：我的车闸 好像 有 毛病 。

Eric: There may be something
wrong with my brakes.

biànsùqì
变速器 gearshift
jiǎodēng
脚蹬 pedal
chēzuò
车座 seat

Shīfu : Wǒ gěi nǐ huàn yí gè ba .
师傅：我给你 换 一个 吧。

Repairman: I will change another one for you.

Wéixiū
(3) 维修 Maintenance

Àiruìkè ： Shīfu ， bāng wǒ xiūxiu shǒujī ba .
⑥⑦ 艾瑞克：师傅， 帮 我 修修手机吧。

Eric: Please fix my cell phone for me, sir.

shǒubiǎo
手表 watch
xiāngjī
相机 camera
shèxiàngjī
摄像机 video camera

Shīfu ： Gěi wǒ kànkan .
师傅：给我看看。

Repairman: Let me have a look at it.

Shīfu : Zhè shì zěnme nòng de ?

师傅：这是怎么弄的?

Repairman: What caused this?

Àiruìkè : Diào shuǐ li le .

68 艾瑞克：掉 水里了。

Eric: It was dropped in water.

dì shang
地上 on the ground

Àiruìkè ： Míngtiān néng xiūhǎo ma?
⑥⑨ 艾瑞克： 明天 能 修 好 吗？

Eric: Could you have it
fixed by <u>tomorrow</u>?

Hòutiān
后天 the day after tomorrow
Zhōumò
周末 this weekend
Xià ge xīngqī
下个星期 next week

Shīfu ： Kěyǐ.
师傅：可以。

Repairman: OK.

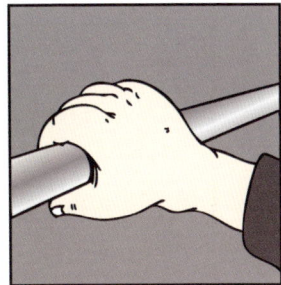

What if the Elevator Breaks Down?

Taking the elevator can save us a lot of labor and time. However, what if we are in an elevator that breaks down? If this occurs, we should avoid using force to open its doors or attempting to climb out through its emergency exit. Instead we should follow these tips:

Firstly, no matter how many floors are there, push the button for each floor. When the emergency power supply is started, the elevator will immediately stop falling. Secondly, if there is a handle in the elevator, hold on to it tightly and use it to brace yourself so you do not fall. Thirdly, put your back and head right against the wall so that your body forms a straight line, thus turning the wall into a protective shield for your spine. Fourthly, bend your knees as they are much more capable of absorbing shock and bearing stress than your bones and thus will act as a buffer for them.

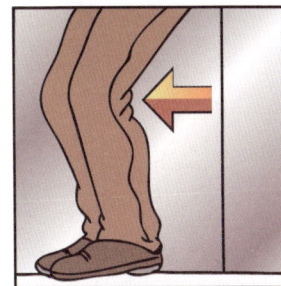

Hùwài

户外

Outdoor Situations

Mílù
(1) 迷路 Getting Lost

Àiruìkè : Qǐngwèn zhè shì × × lù ma ?
(70) 艾瑞克：请问 这是 ×× 路吗?

Eric: Excuse me, is this ... Road?

jiē
街 Street
hútong
胡同 Alley

Lùrén : Nǐ zǒucuò le .
路人：你走错了。

Passer-by: No, you've gone the wrong way.

Àiruìkè : Wǒ yīnggāi zěnme zǒu?
(71) 艾瑞克：我应该怎么走？

Eric: Which way should I go?

Lùrén : Nǐ děi wǎng nán zǒu, dàyuē liǎng gōnglǐ.
路人：你得往南走，大约两公里。

Passer-by: You should walk south for about two kilometers, then you will see it.

Àiruìkè : Nín néng bāng wǒ huà ge shìyìtú ma?
(72) 艾瑞克：您能帮我画个示意图吗？

Eric: Could you please draw me a map?

Lùrén : Hǎo ba.
路人：好吧。

Passer-by: OK.

Diàorù Shāngǔ
(2) 掉入山谷 Falling into a Ravine When Hiking

Àiruìkè ： Jiùmìng ā！
73 艾瑞克：救命啊！

Eric: Help!

Yóurén : Yǒu rén zài xiàmian ma ?

游人：有人在下面吗？

Traveler: Is anybody down there?

Àiruìkè : Yǒu . Wǒ shòushāng le .

74 艾瑞克：有。我 受伤 了。

Eric: Yes. I am injured.

gǔzhé
骨折 have a bone fracture

Yǒu rén zài xiàmian ma ?

Yǒu. Wǒ shòushāng le.

Zìrán Zāihài
(3) 自然灾害 Natural Disasters

Àiruìkè ： Dàxuě bǎ wǒmen kùnzhù le .
⑦⑤ 艾瑞克：大雪把我们 困住了。

Eric: We're trapped by the <u>heavy snow</u>.

Yāo yāo líng ： Qǐng bǎocún tǐlì , wǒmen jǐnkuài sōujiù .
1 1 0 : 请 保存体力，我们尽快搜救。

110: Please ration your strength; we will send a search-and-rescue team to your location immediately.

Dàyǔ 大雨	heavy rain
Bīngbáo 冰雹	hail
Dàwù 大雾	heavy fog
Dàfēng 大风	strong wind

Yāo yāo líng : Fùjìn yǒu shénme míngxiǎn de jiànzhù ma?
110 : 附近有 什么 明显 的建筑 吗?

110: Are there any landmarks nearby?

Àiruìkè : Wǒmen qiánmian yǒu yí gè xìnhàotǎ .
⑦⑥艾瑞克：我们 前面 有一个信号塔。

Eric: There is a signal tower
before us.

qìxiàngzhàn
气象站 weather station
sìmiào
寺庙 temple
dàshítou
大石头 large boulder

Fùjìn yǒu shénme
míngxiǎn de jiànzhù
ma?

Wǒmen qiánmian
yǒu yí gè xìnhàotǎ.

Dìzhèn
地震 Earthquakes

Tóngshì : Dìzhèn le , kuài pǎo !
同事：地震了， 快跑！

Colleague: It's an earthquake! Run for your lives!

Àiruìkè : Dàjiā bié huāng , duǒdào ānquán de dìfang .
(77) 艾瑞克：大家别 慌 ，躲到 安全 的 地方。

Eric: Don't panic, just take shelter in a safe place.

Àiruìkè   : Xiǎo Zhāng ,   búyào kàojìn chuānghu .
⑦⑧艾瑞克 :   小张 ，   不要靠近 窗户 。

Eric: Xiao Zhang, stay away from
    the window.

shūjià
书架 bookshelf
chúguì
橱柜 cupboard

Xiǎo Zhāng : Èn .
小张   : 嗯。

Xiao Zhang: OK.

What Do You Do if You Are Trapped in the Ruins of a Building?

If you become trapped in the ruins of a building after an earthquake, you should stay calm and try to find a way out. If there is no way out, try to find some water and food while you wait for rescue workers to find you. Try to be patient and save your strength by avoiding shouting aimlessly. Shout for help only when you hear that someone is passing close by where you are trapped.

Bào jǐng

报警

Calling the Police

Dàoqiè
(1) 盗窃 Reporting a Theft

Àiruìkè ： Wǒ de qiánbāo bèi tōu le .
⑦⑨艾瑞克：我的钱包被偷了。

Eric: My wallet has been stolen.

Jǐngchá : Shì shénme shíhou bú jiàn de ?

警察 ：是 什么 时候 不见 的？

Policeman: When did you notice it was missing?

Àiruìkè ： Wǒ shàng gōnggòng qìchē qián hái zài, xià chē jiù méi le .

⑧⓪ 艾瑞克：我 上 公共 汽车前 还在，下车就没了。

Eric: It was with me before I boarded the bus, but I could not find it after getting off.

Jǐngchá : Nín zuò de shì nǎ lù chē?
警察 ：您 坐的是哪路车？

Police: Which bus did you take?

Àiruìkè ： × × lù . Wǒ zài wǔdàokǒu zhàn shàng de .
⑧艾瑞克：× × 路。我在五道口 站 上 的。

Eric: Bus No. × ×. I got aboard
at the Wudaokou Station.

Běijīng Yǔyán Dàxué
北京语言大学 Beijing Language
and Culture University
Guómào
国贸 Guomao
Zhōngguāncūn
中关村 Zhongguancun
Sānlǐtún
三里屯 Sanlitun

Jǐngchá : Shàng chē shí dàgài shì shénme shíjiān ?
警察 ： 上车 时大概是什么时间?

Policeman: When did you get on the bus?

Àiruìkè : Xiàwǔ liǎng diǎn yí kè zuǒyòu .
⑧ 艾瑞克：下午 两点 一刻左右。

Eric: Around 2:15 p.m.

liǎng diǎn líng wǔ
两点 零五 2:05
liǎng diǎn shí fēn
两点 十分 2:10
liǎng diǎn èrshí
两点 二十 2:20
liǎng diǎn bàn
两点 半 2:30

Jǐngchá ： Qiánbāo nèi dōu yǒu shénme？
警察：钱包内都有什么？
Policeman: What was inside the wallet?

Àiruìkè ： Wǒ de yínhángkǎ hé yìxiē xiànjīn .
㉓ 艾瑞克：我的银行卡和一些现金。
Eric: My bank cards and some cash.

xìnyòngkǎ
信用卡 credit cards

Qiánbāo nèi dōu yǒu shénme?

Wǒ de yínhángkǎ hé yìxiē xiànjīn.

Huǒjǐng
(2) 火警 Calling the Fire Department

Àiruìkè ：Kuài diǎnr lái ， wǒ jiā zháohuǒ le ．
⑻艾瑞克：快点儿来，我家着火了。

Eric: Come quickly, my house is on fire!

yāo yāo jiǔ :　Jùtǐ　shénme wèizhi？

1 1 9 : 具体什么位置？

119: What's your exact location?

Àiruìkè ：Cháoyáng qū × × xiǎoqū．

�85 艾瑞克：朝阳 区 × × 小区。

Eric: ... Housing Estate,
　　　 Chaoyang District.

Xīchéng
西城 Xicheng

Dōngchéng
东城 Dongcheng

Hǎidiàn
海淀 Haidian

Fēngtái
丰台 Fengtai

Zhábēi
闸北 Zhabei

Hóngkǒu
虹口 Hongkou

Pǔdōng
浦东 Pudong

Jùtǐ shénme wèizhi?

119

Cháoyáng qū ×× xiǎoqū.

yāo yāo jiǔ ： Zhīdào shì shénme yuányīn ma ?

1 1 9：知道是什么 原因 吗？

119: Do you know what was the cause of the fire?

Àiruìkè ： Hǎoxiàng shì ránqì .

⑧⑥ 艾瑞克： 好像 是燃气。

Eric: It may have been caused
by a gas leakage.

diànlù
电路 short circuit
chāzuò
插座 socket problem

Zhīdào shì shénme
yuányīn ma?

Hǎoxiàng shì
ránqì.

How Do You Call 110 and 119?

The aim of the 110 Police Emergency Line is to safeguard public order as well as to serve the people. Aside from receiving calls related to criminal and public security cases, it also accepts emergency calls for help from people who find themselves in unexpected and difficult circumstances that they cannot deal with without aid. 119 is the phone number for the fire department and general emergency calls (e.g., being trapped in a building). When calling the fire department, if you can you should try to tell the operator the source of the fire, the fire's intensity and scale, whether or not anyone is trapped in the fire, and if there have been any explosions or gas leakages detected.

Qítā
其他
Other Situations

Jiǎofèi
(1) 缴费 Paying Bills

Àiruìkè ： Nǐ hǎo， zhèli néng jiāo diànfèi ma？
87 艾瑞克：你好，这里能 交 电费 吗？

Eric: Hello, can I pay the electric
bill here?

shuǐfèi
水费 water bill
ránqìfèi
燃气费 gas bill
diànhuàfèi
电话费 telephone bill

Yínháng zhíyuán ： Dāngrán kěyǐ ．
银行 职员 ： 当然 可以。

Bank Clerk: Sure.

Yào Tǒngzhuāngshuǐ
(2) 要 桶 装 水

Asking for Bottled Water for a Water Dispenser

Àiruìkè ： Shì sòng shuǐ gōngsī ma?
⑧⑧ 艾瑞克：是 送 水 公司 吗?

Eric: Is this the water
delivery company?

shāngdiàn
商店 store
chāoshì
超市 supermarket

Gōngzuò rényuán ： Shì de ， nín yǒu shénme xūyào ma?
工作人员 ：是 的，您 有 什么 需要 吗?

Staff: Yes. What can I do for you?

Àiruìkè ： Sòng yì tǒng chúnjìngshuǐ lái ba.
89 艾瑞克：送一桶 纯净 水来吧。

Eric: Please send me a large
bottle of purified water.

kuàngquánshuǐ
矿泉水 mineral water

Gōngzuò rényuán ： Hǎo， wǒmen jǐnkuài gěi nín sòngqù.
工作人员 ：好，我们尽快给您送去。

Staff: OK, we will send it to you very soon.

Gōngzuò rényuán : Nín de zhùzhǐ shì ?
工作人员 ：您的住址是？
Staff: May I have your address?

Àiruìkè : Guómào Gōngyù × × hào lóu èrdānyuán èr líng yāo .
(90) 艾瑞克：国贸 公寓 ××号楼2单元 201 。

Eric: Building ..., Unit 2, Room 201, Guomao Apartments.

Xiāngjiāng Huāyuán
香江花园 Xiangjiang Garden
Shìjì Xīnchéng
世纪新城 Shiji Xincheng

Yàoshi Wàng zài Jiā Li
(3) 钥匙 忘 在家里 Leaving the Key at Home

Àiruìkè : Nǐ yǒu bèiyòng yàoshi ma ?
(91) 艾瑞克：你有 备用 钥匙吗？

Eric: Do you have a spare key?

Fángdōng : Méiyǒu . Nǐ zhǎo kāisuǒ gōngsī ba .
房东 ：没有。你找开锁公司吧。

Landlord: No, I don't. You can ask the locksmith to help you open the door though.

Àiruìkè   : Shīfu ， wǒ de yàoshi wàng zài jiā li le .

⑨② 艾瑞克：师傅，我的钥匙 忘在家里了。

Eric: Sir, I left my key in my house.

Shīfu   : Wǒ zhè jiù guòqu .

师傅 : 我 这就过去。

Locksmith: I will arrive soon.

Shīfu ： Qǐng ràng wǒ kànkan nín de shēnfèn zhèngjiàn .

师傅：请 让 我 看看 您的 身份 证件 。

Locksmith: Please show me your ID.

Àiruìkè ： Wǒ fàng zài jiā li .

⑨③ 艾瑞克：我 放在 家里。

Eric: I put it in the <u>house</u>.

chōuti
抽屉 drawer
guìzi
柜子 cabinet

Àiruìkè : Kěyǐ zhǎo wùyè zhèngmíng ma?
(94) 艾瑞克：可以找物业 证明 吗？

Eric: Can I ask the property management personnel to confirm my identity?

qiántái
前台 front desk assistant
bǎo'ān
保安 security guard
ménwèi
门卫 entrance guard

Shīfu : Kěyǐ.
师傅：可以。

Locksmith: Yes.

⑨⑤ 艾瑞克：
Àiruìkè : Wǒ shì èr líng yāo de Àiruìkè . qǐng bāng wǒ
我是２０１的艾瑞克。请帮我
xiàng kāisuǒ gōngsī zhèngmíng .
向开锁公司 证明 。

Eric: I'm Eric from Room 201. Please confirm my
identity to the locksmith.

Wùyè : Méi wèntí . wǒ xiànzài guòqu .
物业：没问题。我现在过去。

Property Management Personnel:

No problem. I will come over right now.

Forget to Bring Your Key With You?

If you leave your key at home and there is no spare key available, you should turn to the locksmith for help. Remember to seek out lock-smiths that have registered with the Industry and Commerce Department and have also regis-tered with the Public Security Agency, to ensure the future security of your home. You will be asked to provide valid documents such as an ID card or passport so as to prove your identity before a locksmith opens your door. You can also turn to the property management office for proving your identity if you cannot provide the necessary documents.

身份证

Wù　Fēijī　/ Huǒchē
（4）误飞机 / 火车 Missing a Flight/Train

Fúwù rényuán ： Duìbuqǐ， xiānsheng． Yǐjīng tíngzhǐ jiǎnpiào le ．
服务人员 ：对不起， 先生 。已经停止 检票了。

Attendant: I'm sorry, sir. We've already closed ticket check-in.

Àiruìkè ： Nà wǒ zěnme bàn？
⑯ 艾瑞克：那我怎么办？

Eric: Then what shall I do?

Fúwù rényuán ： Wǒ gěi nín gǎiqiān ba．
服务人员 ：我给您改签吧。

Attendant: Let me change your ticket for you.

Àiruìkè : Néng tuì piàoma?
⑨ 艾瑞克 ： 能 退票吗？

Eric: Can I return my ticket and get a refund?

Fúwù rényuán : Tuì bù liǎo le .
服务人员 ：退不了了。

Attendant: I'm afraid not.

Shòuhòu yǔ Tóusù
(5) 售后与投诉 After-sale Servicing and Complaints

Àiruìkè ： Fúwùyuán， zhège cài tài xián le.
⑨⑧ 艾瑞克：服务员，这个菜太咸了。

Eric: Miss, this dish is too salty.

Fúwùyuán ： Bàoqiàn， gěi nín chóng zuò yí fèn ba.
服务员：抱歉，给您重做一份吧。

Waitress: Sorry, we will make another
one for you.

dàn
淡 bland
là
辣 spicy
suān
酸 sour
kǔ
苦 bitter
tián
甜 sweet

Àiruìkè : Zhè yīfu tài xiǎo le .
⑨⑨ 艾瑞克：这衣服太小了。

Eric: These clothes are too small.

Shòuhuòyuán : Wǒ gěi nǐ huàn yíxià ba .
售货员 ：我给你换一下吧。

Saleswoman: Let me change them for you.

kùzi
裤子 trousers
xié
鞋 shoes
xuēzi
靴子 boots

Àiruìkè ： Nǐ kàn zhège diànnǎo hái bú dào yí gè yuè jiù huài le .
⑩ 艾瑞克：你看这个 电脑 还不到一个月就坏了。

Eric: Look at this computer,
it broke down in less
than a month.

jiāshīqì
加湿器 humidifier
miànbāojī
面包机 bread maker
kǎoxiāng
烤箱 toaster

Shòuhuòyuán ： Xiānsheng， zhège hái zài bǎoxiūqī nèi， nín sòngdào
售货员 ： 先生，这个还在保修期内，您送到
shòuhòu fúwùchù xiūlǐ ba .
售后 服务处修理吧。

Saleslady: Sir, it is still under warranty so you can
send it to the after service for repairs.

Àiruìkè : Wèi， shì sān yāo wǔ ma？ wǒ yǒu ge qíngkuàng xiǎng
⑩ 艾瑞克：喂， 是 315 吗？ 我有个 情况 想
fǎnyìng yíxià .
反映一下。

Eric: Hello, is this the 315 Hotline? I have a matter
to report.

Sān yāo wǔ : Nín qǐng jiǎng .
315 : 您 请 讲 。

315 Hotline Operator: Go ahead, please.

Tips 13

Missed Your Flight?

If you are going to catch a flight, you should arrive at the airport more than an hour before the scheduled departure time. If a flight is missed, these procedures should be followed:

When a passenger misses his/her flight, he/she should go to the airport or the place where the ticket has been purchased to change the flight or refund the ticket.

If a passenger wishes to take the next flight with available seating, the carrier should try their best to arrange this. No fees should be charged.

If a passenger asks to refund his/her ticket, the carrier may charge the passenger the relevant fees. Generally, when a passenger asks to refund his/her ticket more than 24 hours ahead of the scheduled flight departure time, he/she will be charged a cancellation fee which is 5% of the ticket price; when a passenger asks to refund his/her ticket less than 24 hours, yet more than two hours, ahead of the scheduled flight departure time, he/she will be charged a cancellation fee which is 10% of the ticket price; when a passenger asks to refund his/her ticket less than two hours ahead of the scheduled flight departure time, he/she will be charged a cancellation fee which is 20% of the ticket price; when a passenger asks to refund his/her ticket after the flight has departed, he/she will be seen as having missed the flight and will be charged a cancellation fee which is 50% of the ticket price. Different airlines may have different regulations which must be abided by.